心とからだを大切にしよう
わたしらしく、LGBTQ

ロバート・ロディ、ローラ・ロス 著
上田勢子 訳
監修 LGBT法連合会

大月書店

"LIVING PROUD! GROWING UP LGBTQ: STAYING MENTALLY HEALTHY"
by Robert Rodi and Laura Ross. Foreword by Kevin Jennings Founder, GLSEN (the Gay, Lesbian & Straight Education Network)
Copyright © 2017 by Mason Crest, an imprint of National Highlights, Inc.
Japanese translation rights arranged through Seiko Uyeda.

Picture credits: 8, Anchiy/iStock; 10, Wikimedia Creative Commons; 13, Wikimedia Creative Commons; 17, Gimini/ABACAUSA.COM/Newscom; 18, Richard Gardner/REX/Newscom; 23, Monkey Business/Fotolia; 26, Todor Tsvetkov/iStock; 29, Feverpitched/iStock; 30, gemenacom/iStock; 33, P_Wei/iStock; 36, De Visu/ Shutterstock; 41, Yalayama/Fotolia; 42, Christopher Futcher/iStock; 45, Phase4 Photography/Fotolia; 47, GCShutter/iStock; 51, Hailshadow/iStock; 53, Frank R. Snyder/ Wikimedia Commons

シリーズ推せんの言葉

尾木直樹
(教育評論家、法政大学教職課程センター長・教授、臨床教育研究所「虹」所長)

　近年、日本でも急速に認知度が高まりつつあるLGBTQ問題。文部科学省も2016年４月より、全国の小中学校・高校で性の多様性を尊重したサポートに取り組むよう強調しはじめました。
　最近の調査によれば、日本では13人に１人の割合でLGBTに該当する人がいるといいます。中学では不登校の生徒が36人に１人と言われていますから、その３倍近くにもなります。
　「自分のまわりにはLGBTQの人はいません」という人もいるかもしれません。でも、ひょっとしたら「いない」のではなく、「言えない」から気づけないだけかもしれません。実は"マイノリティ"(少数者)とは言えないほど身近な存在なんです。
　こうした現状を踏まえ、文科省は９項目にわたる支援の具体例を各学校に通知しています。たとえば、戸籍上は男性であっても、水着は上半身が隠れるものを着用していいとか、制服だけでなくジャージ着用も認めるようにとか、多目的トイレや職員用トイレの使用を認めるように、などというものです。これらは、LGBTQの子どもたちの人権を守る上でも、個によりそうインクルーシブ(包摂的)教育を実現する上でも、高く評価されるべき改善点といわなければなりません。
　しかし、日本のLGBTQの子どもたちに対する差別やいじめは、きわめて深刻です。「学校でいじめや暴力を受けたことがある」LGBTは約

7割で、そのうちの3割以上が「自殺を考えた経験がある」との調査結果も出ています。さらに、ある国際団体がおこなった調査によれば、「教師がLGBTに対する否定的な言葉や暴言を言うのを聞いたことがある」と回答した性的少数者は、なんと3割にものぼるといいます。

また、支援したくても方法がわからず困惑している教員も少なくないようです。本来であれば子どもたちをサポートすべき立場の教員でさえも、まだまだLGBTQについてじゅうぶんに理解しているとは言いがたいのが現状なのです。

子どもたち一人ひとりがありのままに輝き、自分らしく学校生活を送るために、なんとしてもLGBTQに関する授業を実践しなければならないと思います。

実は、わたしも最近、東京の公立小学校の5年生を対象にLGBTQの授業をおこなう機会を得ました。わたし自身、小学校での授業経験がない上に、前例の少ないテーマに悪戦苦闘。どこかにいいテキストはないかと、もどかしい思いをしたものです。

ですから、その授業のあとに本書を手にしたとき、「もっと早く出会いたかった！」と悔しさすら感じました。LGBTQのいわば"先進国"であるアメリカで生まれた本書には、科学的な理解にもとづいた最新の知見が、わかりやすく解説されているのです。エビデンス（根拠）もきちんと示されていて説得力ばつぐん。さらに、カミングアウトの際の注意点や、どのようにセクシャルマイノリティの人びとの人権が保全されるべきかなど、本人と周囲の人びとが直面するさまざまな問題点について、社会的な広い視野から具体的にアドバイスをしてくれています。

本書の舞台となっているアメリカでも、日本と同様に、LGBTQの人びとの苦悩は筆舌につくしがたいものがあります。

LGBTQの子どもの3分の2以上が、学校で日常的に差別する言葉を

耳にしており、60％以上もが、学校を安全な場所と思えないと感じているようです。また、LGBTQの子どもたちの自死や自死未遂は、そうでない子どもの４倍にものぼる実態があります。

　他方では、2015年にアメリカの全州で同性婚が合法化されるなど、大きな前進もみられます。いまやLGBTQを理解し問題を解決していくことは、世界共通の緊急の課題なのです。

　本書は、構成や編集のしかたも実に工夫されています。なによりも、読者である学び手の側に丁寧によりそっています。「学びのための教科書とは、かくあるべし」という模範的なテキストとなっています。

　全４巻のこのシリーズを読めば、子どもも大人も、LGBTQつまり性自認や性的指向の多様性について真に理解し、ありのままの自分を認め、他者と共生するとはどういうことなのか、気づかされるのではないでしょうか。子どもたちにも、また教師や保護者にも、輝いて生きる明るい展望をあたえてくれるはずです。

　自信をもって、心から本書を推せんします。ぜひ、お読みください。日本だけでなく、多くの国で本書が翻訳され、広く読まれることを願います。

わたしらしく、LGBTQ④　心とからだを大切にしよう　**もくじ**

シリーズ推せんの言葉（尾木直樹）　3

1　自分って「ふつう」？ …………………………………………… 9
　　同性愛にかんする見解の歴史をたどる　10
　　同性愛が精神障害とされた時代　11
　　もっと知りたい！　フロイトは同性愛を擁護した　12
　　苦しみのもとは、自然ではなく文化　14
　　もっと知りたい！　トランスジェンダーとDSM　14

2　落ちこみ（うつ病）と自死 ………………………………………… 19
　　自分をめちゃめちゃにしたいという衝動　20
　　手におえない感情と周囲からの圧力　21
　　もっと知りたい！　ネットで広がった
　　　　　　　　　　　「きっとよくなる（It Gets Better）」運動　22
　　うつ病は治療できる　24
　　アルコール依存、孤立、その他の危うい兆候　25

3　自尊感情を高めよう ………………………………………………… 31
　　「それってゲイゲイしい！」　32
　　LGBTのかかえる自己嫌悪　33
　　カミングアウトしてわかったこと　35
　　虐待関係に慣れてしまう危険　35
　　飲酒や薬物、無防備な性行為　37
　　もっと知りたい！　自尊感情とHIV／エイズ　38
　　自傷行動のパターン　39

4　だれかの助けを借りていい ………………………………………… 43
　　サポートやアドバイスは匿名で受けられる　44
　　ネット情報の幅広さ　46
　　性的指向・性自認にかんする自問自答　48
　　信じる宗教と折り合いをつける　49
　　目をそむけずに、答えを求めよう　50

　　用語集　54
　　さくいん　59

LGBTQって？

L：レズビアン（女性を好きになる女性）
G：ゲイ（男性を好きになる男性）
B：バイセクシュアル（両方の性別を好きになる、または相手の性別にこだわらない人）
T：トランスジェンダー（身体の性別に違和感があり、別の性として生きたいと望む人）
Q：クエスチョニング（性自認や性的指向を模索中の人）または
クィア（規範的異性愛以外のあらゆるセクシュアリティ）

こうした多様な性のありかたを総称して「LGBT」または「LGBTQ」とよびます。本文ではおもに「LGBT」としていますが、意味はほぼ同じです。

この本に出てくるマークについて

たしかめよう それぞれの章で学んだことを確認するための質問です。答えに迷ったら、もう一度本文に戻って復習しましょう。

キーワード解説 それぞれの章のポイントとなる言葉の説明を、章のはじめにまとめています。はじめに読んでおけば、内容がよりよく理解できます。

用語集 このシリーズに出てくる用語の解説を、巻末にまとめて載せています。もっと詳しい本や記事を読んだり理解したりするのに役立ちます。

チャレンジしよう それぞれの章で学んだことについて、もっと深く調べたり、考えてみたりする手がかりとして、身近で取り組める課題を提案しています。

もっと知りたい！ 新しい知識や視点、多様な可能性、幅広い見方を提供してくれる情報をコラムとして本文中にちりばめました。こうした情報を組み合わせることで、より現実的でバランスのとれた見方ができるようになります。

1 自分って「ふつう」?

> 📋 **キーワード解説**
>
> **LGBT**：レズビアン、ゲイ、バイセクシュアル、トランスジェンダーの頭文字をとった総称。クエスチョニング（自分の性自認や性的指向を模索中）やクィア（規範的異性愛以外のすべてのセクシュアリティを指す）の頭文字Qを加えてLGBTQと言うこともある。
>
> **差別**：性的指向や性自認、肌の色、民族、宗教その他の要因を理由に、他の人とちがう〔不利な〕あつかいを受けること。
>
> **ハラスメント**：からかい、いじめ、身体的な脅しなど、継続しておこなわれるいやがらせ。

　同性愛をはじめ、性別規範に合わせない生きかた（第3巻『トランスジェンダーってなに？』参照）をする人びとは、何世紀にもわたって、世界のいたるところに存在してきました。多くの文化圏において、LGBTの人たちの人生をなかったことにし、かれらが存在することを覆い隠そうとする力がはたらいてきましたが、現在のわたしたちの社会は、多くのLGBTの人たちのおかげで、より豊かになってきたことに気がつくよ

うになりました。

　そのような現代でも、同性に惹かれたり、自分がトランスジェンダーだと自認したりする人は、だれしも人生のなかで一度はこんな疑問をもつでしょう。

「自分ってふつうなの？」

　この疑問には、単純な答えはありません。なぜなら「ふつう」を定義するのは非常にむずかしく、同性愛や性自認についての考えかたも、歴史のなかで劇的に変わり、いま現在も変化しつづけているからです。

同性愛にかんする見解の歴史をたどる

　「ソドミー（男色）」という言葉をはじめて使ったのは、11世紀の神学者ペトルス・ダミアニです。これは、聖書に登場する都市で、住人たち

1800年代のドイツ人弁護士カール・ハインリッヒ・ユルリクスは、はじめてLGBTのために声を上げた人のひとりでした。

の罪深い行為によって神にほろぼされた「ソドム」に由来します。それ以来「ソドミー」は、とくに２人の男性のあいだの、ある種の性行為を指すときに広く使われるようになりました。ヨーロッパで、そしてのちにアメリカでも、聖書の掟にもとづき、「ソドミー」は罪とみなされたのです。

　19世紀になって、ドイツ人弁護士カール・ハインリッヒ・ユルリクスが、同性愛は不道徳な行為ではなく、受け継いだ生物学的な状態だと主張したころから、同性愛にかんする医学的・科学的見解が数多く出されるようになりました。ユルリクスは、1800年代後半に同性愛を禁じた法律とたたかった、同性愛者の人権擁護の先駆者のひとりです。このころから、ホモセクシュアル（同性愛）という言葉が使われるようになりました。

　そして20世紀はじめには、精神分析学の父と言われるジークムント・フロイトが、同性愛についての研究をはじめました。彼は研究を通して、同性愛は通常の発達によって自然に起きるものだと確信しました。しかしフロイトの死後、ほかの研究者たちはフロイトの理論は不完全だとし、医療の専門家たちは異性愛だけが「ふつう」だと考えるようになりました。同性愛は精神疾患のひとつとみなされたのです。

同性愛が精神障害とされた時代

　アメリカ精神医学会（APA）が1952年にはじめて刊行した『精神障害の診断と統計マニュアル』（DSMと略されます）は、同性愛を精神障害と規定していました。DSMは精神医学全般の研究や調査、治療を目的とした手引き書で、何度も改訂をくりかえして今日でも出版されつづけています。しかし、そこにはその時代の主流である文化的な立場や考えかたが色濃く反映されているのです。

精神障害にかんする理論を支える心理学的な概念の多くは、とても複雑で、どんな科学にもありうることですが、新しい情報や技術革新によって答えがガラリと変わることがあります。1940年代初頭、アルフレッド・キンゼイ博士と心理学者のエヴェリン・フッカーは、性とメンタルヘルスにかんする研究を通じて、数多くの証拠とともに、同性愛は精神障害ではないと結論づけました。

　1968年にDSMの第2版（DSM-Ⅱ）が出版されたときには、同性愛は精神病質人格ではなく、「性的逸脱」と記されました。研究者たちは、それまでより広い視野をもちはじめましたが、まだ多くのことを学ぶ必要がありました。

　翌年の1969年、ニューヨークのゲイバーが警察の立ち入り捜査を受けたことで、歴史的に有名な「ストーンウォールの反乱」が起こり、同

 もっと知りたい！　フロイトは同性愛を擁護した

　フロイトは熱心な研究と考察のすえ、人間はだれでもバイセクシュアル（両性愛者）として生まれ、親や周囲の人との関係によって、異性愛者か同性愛者のどちらかになるのだと確信しました。当時の学者や大多数の人は同性愛を精神病とみなしていましたが、フロイトは同性愛も人間にとってごくあたりまえの選択肢のひとつにすぎないと考えたのです。1935年に、フロイトがアメリカに住むある母親にあてて書いた手紙は、いまでは有名です。

　「同性愛は、たしかに有利とはいえませんが、なんら恥じるべきことではありません。悪徳でも堕落でもなく、病気に分類できるものでもありません。……古代から近代にかけて、プラトン、ミケランジェロ、レオナルド・ダ・ヴィンチをはじめ、数多くの尊敬に値する偉人が同性愛でした。同性愛を罪として迫害するのは、きわめて不当であり、残酷なことです」

アルフレッド・キンゼイ博士による人間の性行動についての画期的な研究は、1953年に雑誌『タイム』で大きくとりあげられました。その結果、人びとは同性愛やバイセクシュアルが精神障害でないことを理解しはじめたのです。

性愛者の人権擁護運動が大きく盛り上がりました。**LGBT**の活動家たちは、精神医学会の見解に反論し、いかなるカテゴリーであれ、同性愛がDSMに載っていること自体に異議をとなえたのです。そして1973年、アメリカ精神医学会はついに同性愛を精神障害のリストから外し、ほかの多くの主要な医療団体も、それにならいました。

　DSMが同性愛を精神障害に分類したことによって、同性愛の人びとがこうむった被害を回復しようと、その後、精神医学会は努力を続けました。たとえば性的指向による雇用上の**差別**に反対し、同性愛者の軍隊からの除隊や、同性愛を「治そうとして」おこなわれる医療行為などに、反対の立場をとってきました。

苦しみのもとは、自然ではなく文化

　何世紀にもわたり同性愛は、聖書やそのほかの宗教の教典のなかで、不道徳で罪深いことだと教えられてきたこともあり、いまでもそう信じる人はいます。LGBTの人に、うつ病や薬物などへの依存といったメンタルヘルスの問題が多いのは、有害で誤った〔性的な〕行為が原因だと主張する人もいます。しかし今日では、ほとんどの科学者が、同性愛は病気でも精神障害でもなく、人間の性的発達において自然に発生するものだと考えています。

　では、LGBTの人びとが、そうでない人に比べて、うつなどの問題で苦しむことが多いのはなぜでしょうか。その原因は、社会からの圧力です。**ハラスメント**や虐待、友だちや家族からの拒絶を受けたり、自信を喪失したりすれば、気分がはげしく落ちこむのはいたって自然なことです。お酒や薬物で落ちこみを解消しようとすることも当然あるでしょう。

 もっと知りたい！　トランスジェンダーとDSM

　DSM第4版（DSM-Ⅳ）では、トランスジェンダーの人たちの一部にみられる状態は「性同一性障害」と呼ばれました。いちばん最近の改訂版である第5版（DSM-Ⅴ）では、性同一性障害に代わって「性別違和」となり、性的な障害とは別の新たなカテゴリーに分類されました。この診断は、すべてのトランスジェンダーの人にあてはまるとはかぎりません。ある人が、自分の性自認に関連して大きな不満を感じ、治療を必要とする場合だけをさします。この分類は、トランスジェンダーが障害だという考えを強化するとして、そもそもDSMには性別違和を載せるべきではないと考える専門家も多くいます。

地域でLGBTにかかわる啓発活動をしているアドリエンヌ・ヒューデック（第2巻にも登場）は、「たとえば性的指向を、アイスクリームの好みに置きかえて考えてみましょう」と言います。
「あなたはイチゴが好きだけど、みんなはバニラが好き。そのせいで、みんなにいじわるされたり、からかわれたりする。ひどいことをされたり傷つけられたりしたら、当然あなたは腹を立てるでしょう。心がひどく傷ついて、メンタルヘルスの治療を受けるかもしれません。でもそれは、あなたがイチゴ味が好きだから病気になったのではありませんよね。病気になったのは、周囲の人にされた行為が原因なのです。自分がどう感じるかが原因ではありません」
　LGBTの人びとのあいだに、メンタルヘルスの問題がかなり多く見られることはたしかです。うつ病や、薬物やアルコール依存で苦しむ人、健康状態全般が悪い人も多くいます。さらには自死（自殺）を試みる人もとても多いのです。
　アドリエンヌは言います。「大切なのは、きちんと区別することです。統計だけを見て『ほら、同性愛の人には、うつ病や自死が多いじゃないか！　同性愛者はそもそも病気なんだ。だから同性愛者になんかなるべきじゃない』という三段論法は、まったくの見当ちがいです。幸せで健康で、充実した人生を送っている同性愛者は世界中に何百万人もいます。でも、そうなるまでに、ちょっとした手助けが必要な人もいます。そういうときには精神科医のケアが必要です。必要なときに助けを借りることは、少しも恥ずべきことでも、おそれるべきことでもありません」

?? たしかめよう

- 同性愛を否定する宗教的な見解の根拠はなんでしょうか。
- 精神医学によって同性愛が精神病と診断されていた根拠はなんだったのでしょう。
- LGBTの人にとって、精神的苦痛を引き起こしやすい外部からの要因には、おもにどんなものがあるでしょう。

! チャレンジしよう

- あなたの属する社会における「ふつう」とは何か、定義してみよう。
- 20世紀の100年間において、精神医学会は同性愛についての見解をどのように変えてきたか、インターネットで「精神医学　同性愛」といったキーワードで調べてみよう。
- 「性的逸脱」と「性的指向」のちがいについて、自分の言葉で説明してみよう。

メッセージ動画「It Gets Better（きっとよくなる）」プロジェクトの創始者であるダン・サヴェージ（右）と彼の夫、テリー・ミラーは、エミー賞の特別賞を受賞しました。ウェブサイトには、10代のLGBTをはげます5万件以上のメッセージ動画が寄せられています。そこには、著名人のカミングアウト・ストーリーや、どうやっていじめをのりこえ、充実した人生を歩めるようになったかという話が数多く紹介されています。

カントリー歌手のシェリー・ライトは、LGBTの若者(わかもの)に向けて、自分もかつて死のうと思ったことがあると語りかけています。

2
落ちこみ（うつ病）と自死

📋 キーワード解説

トラウマ：強い衝撃を受けたり、動揺したりする体験。心的外傷ともいう。
小児科：子どもの発達や病気に対処する医療の分野。
いんちき療法：医療の資格をもたない人が、医師や専門家のふりをして、助言したり治療をしたりすること。
医療過誤：知識や注意の不足によるものか、意図的かを問わず、医師や医療専門家が誤った助言や治療をすること。

　アメリカのカントリー歌手、シェリー・ライトは、16歳のころから自分がレズビアンであることに気づいていました。気持ちの上では自分の性的指向を違和感なく受けとめていましたが、それを人に言うことはできないと考えていました。
「自分ではこれでいいんじゃないかなと思いながらも、どこかで、隠さなくてはと思ってもいました。それが人に知れると、すごくいじめられるか大問題になるにちがいない。学校にもなじめなくなるし、グランド・オール・オプリ〔カントリーミュージックの殿堂とされるライブ番組〕

にも出られなくなる。レズビアンだとわかったら、わたしのバンドを雇ってくれるところもなくなるし、カントリーミュージックへの夢が遠のいてしまう。そう思っていたんです」

　歌手として人気が出てくると、シェリーは外向けには男性と恋愛しているように見せかけ、レズビアンとしての生活を隠しつづけました。何年ものあいだ、彼女は自分の大切な部分を否定しながら、幸せになろうともがいてきたのです。歌手として成功し、カントリーミュージック・アカデミーの賞を受賞し、カントリーミュージック協会賞に３回もノミネートされても、自分の人生に欠けた部分があることで、彼女の気持ちはふさいでいました。

　30歳代なかばのある日、鏡の中の自分をじっと見つめていたシェリーは、拳銃を取りだすと、銃口を口にくわえ、引き金を引こうとしたのです。

自分をめちゃめちゃにしたいという衝動

「そのときは、自分を見ながら、まるで自分がからだから脱け出したような感じでした。わたしがこれまでずっと非難してきた行為を、いままさに実行しようとしているだれかを、横目でながめているみたいでした。わたしはそれまで、自死する人を不信心で弱い人間だと思ってずいぶん批判してきました。でも、まさにそんな人間が鏡の中に立っていることに気づいたのです。なんてこと！　それって、わたしじゃないの！　って」

「引き金を引こうとしたとき、自分がまったく泣いていないことに気がついてショックでした。泣かなくていいの？　死のうとする人は泣くものでしょ？　もっと感情がたかぶっていいはずでしょ？　ってね」

「親指で引き金を引こうとしたとき、神に祈りました。自分の命を終えようとしていることへの許しを求めたんです。神さまからもらった命は、

なによりも尊いものだから。それから、これまでの人生のいろいろな場面が頭の中をかけめぐりました。まずは陽の光が見えました。飼い犬たちのことも考えました。それから、自分がどれほど音楽を愛しているかということも。そして別れたカノジョのこと、人生でただひとり本当に愛した人とのキスを思い起こしました。そのとき、音が聞こえたんです。それは、わたしの心臓の鼓動が頭の中に響く音でした」

「もう一度鏡を見ると、今度は目に涙をいっぱいためた自分のすがたがありました。涙がほおを濡らしていました。涙が止まらなくて目がよく見えません。ダムがとうとう決壊したのです。言い知れない感情に包まれて、わたしはようやくわれに返りました。自分のからだに戻ってきたんです。冷たい顔で拳銃を口にくわえただれかを、外から他人事のようにながめている自分は、もうどこにもいませんでした。その前の日まで、いつ死んでもおかしくないと思っていました。でも、この日を境に、もうそんなことはしないと、自信をもって断言できるようになりました」

　シェリー・ライトは、二度とそんな危険なことはしませんでした。代わりに、本当の自分を受け入れ、レズビアンであることを公表する決意をしました。それは彼女を自由にし、人間的にも、歌手としても、再出発のきっかけとなったのです。

手におえない感情と周囲からの圧力

　自分の性的指向を理解し、受け入れることにともなう大きな苦しみとストレスに直面したとき、死ぬしか方法がないと思ってしまうLGBTの人も数多くいます。

　思春期にさしかかる10代は、だれもが成長の過程でストレスや混乱、自信喪失といった強烈な感情をいだくものです。こうしたはげしい気持ちが、手におえなくなることもめずらしくありません。15歳から24歳の

もっと知りたい！ ネットで広がった「きっとよくなる（It Gets Better）」運動

　数年前、同性愛の人むけのアドバイスを書いていたコラムニスト、ダン・サヴェージ（17ページの写真右）は、パートナーのテリー・ミラーとともに、YouTubeにある動画を公開しました。それは、いやがらせやいじめを受けているLGBTの若者にむけて、「大人になれば、きっとよくなるよ」とはげます動画でした。すると、2人に勇気づけられた多くの人が、同じように動画をアップしはじめ、またたく間にひとつの運動になったのです。それは、すべてのLGBTの若者に希望をあたえ、LGBTの自死を減らす運動でした。

　この運動はいまや全世界に広がり、世界中のユーザーが作った5万以上の動画が、計5000万回以上も視聴されています。LGBTの大人として、ごくあたりまえに充実した人生を送り、幸せにくらしているたくさんの人が、自分自身の物語やはげましの言葉を動画にこめています。LGBTを公表している著名人として、歌手のアダム・ランバート、ファッションアドバイザーのティム・ガン、コメディアンのエレン・デジェネレス、ファイナンシャルプランナーのスージ・オーマンといったセレブ（有名人）もいます。さらに、サラ・シルバーマン〔コメディアン、女優〕やオバマ大統領といった有名人も、ストレート〔異性愛〕の「アライ」〔用語集参照〕としてメッセージを寄せています。

　この運動のウェブサイト（www.itgetsbetter.org）には、こう書かれています。「ItGetsBetter.orgは、レズビアン、ゲイ、バイセクシュアル、トランスジェンダーの若者に、きっと将来、愛と幸福が見つかることを知ってもらうためのサイトです。ストレートのアライがLGBTの友だちや家族を支えたり、LGBTの人が自分の物語をシェアしたりできる場です。そして、It Gets Betterの誓いを立て、愛や支援についての動画を見ることができる場なのです」

10代になると、だれでも気持ちがふさいだり、孤独感をいだいたりすることがあります。でも、悲しみや孤立感が手におえないほど大きいときは、LGBTに理解のある精神科医やカウンセラーに助けを求めたほうがいいでしょう。

若者の死因の第3位が自死〔アメリカ合衆国の統計。日本では第1位〕なのはそのためです。

　こうした感情は、正しい情報や必要な援助が得られないLGBTの若者にとっては、なおさら苦しいものです。家族からの支援を得られないLGBTの若者は、家族の支援を受けられる人の8倍も自死をくわだてる確率が高いという研究結果もあります〔日本では、ゲイまたはバイセクシュアルの男性の自殺念慮（死にたいと考えること）の率が異性愛の男性の約6倍という研究結果が知られています〕。

　厳密な原因については、さらに詳しい研究がなされています。LGBTの若者が死のうとするのは、性的指向そのものが原因ではありません。言いかえれば、同性愛であることや、カミングアウトしたことの結果と

して死にたいと思うわけではないのです。死にたいという気持ちはむしろ、学校でのいじめや、家や教会での拒絶的なあつかい、「ふつう」になるという周囲の期待にそえないことへの自責の念によるものなのです。

　LGBTの子をもつ親のための「家族の受容プロジェクト」のディレクター、ケイトリン・ライアンはこう述べます。「家族や保護者は、LGBTの子どもたちの心とからだの健康や安定に、劇的で避けがたい影響をあたえます。わたしたちは、保護者や家族に対して、子ども自身が自分が何者かを見きわめられるようになる前から、しっかりと子どもを支える環境が必要だと伝えています」

うつ病は治療できる

　性自認や性的指向は、自分でコントロールしたり変えたりすることのできない性質です。そのため、友だちや家族から同性愛の人をばかにするような冗談を聞くと、LGBTの人は強い衝撃を受け、その記憶を引きずることがあります。自分のセクシュアリティ（性のありかた）を模索している最中に、もし自分が同性愛者だと知られたら、周囲からとても受け入れてもらえないだろうと思えば、自分の気持ちを隠すでしょう。

　ありのままの自分でいることが悪いことだとか、まちがっているとか言われれば、その**トラウマ**とストレスによって、うつ病や不安障害のようなメンタルヘルスの症状が起こる可能性は、だれにでもあります。LGBTをはじめ、周囲の仲間とちがうとみなされている人たちにはよくあることで、自死のリスクにつながることもあります。

　うつは病気です。うつ病の人は、悲しみや緊張から抜け出せないことがあります。

　「はじめのころは、とくに理由がなくても、いつも悲しい気持ちでした」。ロブという男性は、4therapy.comというメンタルヘルスのサイト

に自分のうつ病の体験を寄せています。「悲しみがそのうちに怒りに変わり、家族や友だちといつもケンカをするようになってしまいました。自分のことがとてもいやになり、だれにも好かれていないと思うようになりました。あまりにつらくて、眠りにつくたびに、二度と目が覚めないよう祈ったほどです」

うつ病になると活力がなくなり、いつも落ち着かなかったり疲れたりするようになります。場合によっては、つらい気分から逃れ、困難な状況を変えるには、死ぬしか方法がないと考えてしまうこともあります。「10代の人には、悩みがあれば親に相談できること、親がそのことでわが子を嫌ったり、暴力をふるったりしないこと、そして、その悩みについてよく話しあえることを知ってほしい」と、「家族の受容プロジェクト」のライアン氏は言います。

親や家族や友だちが、うつ病の兆候に気づくことも大切です。ロブの場合は、兄弟が彼の言動の変化に気づいて、すぐに医者に行くようすすめてくれました。そこでロブは、〔自分の落ちこんだ気持ちが〕うつ病という病気だということを知ったのです。うつは病気であり、「元気を出して」と言われても、よくなるわけではありません。ほかの病気と同様に、医師や専門家の治療を受けることがなにより効果的なのです。ロブは精神科医のところへ通うことになり、自分の悩みや問題について医師にしっかり話せるようになりました。

「治療のおかげで、毎日の生活のなかでうつ病をコントロールできるようになりました。時間がかかりましたが、やっと本来の自分に戻れたような気がします」

アルコール依存、孤立、その他の危うい兆候

自分がうつ病だと気づかないために、お酒（アルコール）や薬物で一

お酒や薬物は、一時的に苦痛をやわらげるかもしれませんが、長い目で見れば、うつの症状をさらに悪化させます。

時的にその苦痛をやわらげようとする人がいますが、これは根本的な解決にはなりません。それどころか依存作用によって、さらに深刻な問題をかかえることになります。アルコールには抑制作用があり、長い目で見れば、うつ状態をさらに悪化させます。

　同じように、友だちや家族、親類がLGBTに対する理解がない場合、同性愛を「治す」ための治療法を探そうとすることがあります。人間の行動は変えることができても、内面のアイデンティティを変えたり、別のだれかになったりすることはできない、と専門家は言います。それを無理に試みることの害のほうが、むしろ大きいといえます。

「自分を受け入れてもらえないというメッセージを受け取ってしまった子どもは、その傷を一生負いつづけます」。ミネソタ大学の小児科学教授、ゲーリー・レマフェディは言います。「同性愛は病気であり矯正すべきだなどと、ありもしないことを言うのは、あきらかにいんちき療法であり、医療過誤でもあります」

　こうしたことはすべて、うつや孤独の感情を悪化させます。絶望のすえ、死ぬことを考えるようになると、外面にも兆候やサインがあらわれます。友だちに対して、自分が悪いとか、劣った人間だと話したりします。友だちから離れてひとりで過ごすことが多くなったり、アルコールや薬物を乱用したり、それまで好きだったことに興味を失ったりすることもあります。

　もしも、周囲のだれかが「死にたい」と言うのを聞いたら、相手の話をよく聞き、真剣に受けとめ、もっと話してとうながしましょう。悩みごとについてただ話すだけでも——相手が親や友だちでも、医師やカウンセラーでも——本人にとっては大きな救いになるはずです。大切な人や、あるいはあなた自身が精神的に追いつめられた状態にあるとき、いちばん大切なことは、その気持ちを無視せず、すぐに周囲の助けを得ることです。

「自死とは、一時的な問題に、永久的な解決をつけようとすることです」と、自死防止のプログラムで働くアシュリー・オルブライトは言います。「過去10年間に自死した人と自死未遂をした人の統計はありますが、いっぽうで、どれほど多くの人が、だれかの話を聞いたり、関心をもったりすることを通じて人の命を救っていることか。この力は計りしれません」

?? たしかめよう

- LGBTの人のなかに、死ぬしかないと感じる人がいるのはなぜでしょう。
- 自死の危険を示すサインには、どんなものがあるでしょう。
- うつは心理や感情の問題でしょうか。それとも病気でしょうか。

! チャレンジしよう

- もしも友だちに、うつ病ではないかと思われる人がいたら、どんな言葉をかけてあげられるか考えてみよう。
- もしも友だちが死にたいと思っているとしたら、なにを言ってあげればいいか考えてみよう。
- 「It Gets Better」のサイト（www.itgetsbetter.org 英語）や、日本語で読める以下のサイトにアクセスして、LGBTの人のいろいろな証言を読んだり、動画を視聴したりしてみよう。

◆日本語で読めるLGBT当事者の体験談
ハートをつなごう学校（http://heartschool.jp）
LGBTER（エルジービーター）（http://lgbter.jp）

◆性にかんする悩みを相談できる窓口
よりそいホットライン（http://279338.jp/yorisoi/#call）電話0120-279-338（24時間対応）ダイヤル後、4（性別や同性愛などに関わる相談）を選んで相談できる。
チャイルドライン（www.childline.or.jp）電話0120-99-7777　月曜〜土曜、午後4時〜午後9時　18歳までの子ども専用の相談電話。LGBTにかぎらず、性にかんするさまざまな相談も受けつけている。
QWRC（くぉーく）（www.qwrc.org）電話06-6585-0751　毎月第1月曜、午後7時半〜午後10時半　LGBTの人やその家族、友人を対象とした電話相談窓口。

ありのままの自分を受け入れてくれる友だちの存在は、大きな支えとなるでしょう。

学校は、あらゆる性自認と性的指向の人にとって安全な場所でなくてはなりません。

3
自尊感情を高めよう

 **キーワード解説**

ホモフォビア：同性愛者への恐怖や嫌悪、憎しみ。
悪魔化：人やものごとを邪悪なものとして描くこと。悪者あつかい。
スティグマ：恥ずべきことだというレッテルを貼ること。烙印。
内面化：自分に対する否定的な意見を信じてしまうこと。

　アナ・ランゴスが学校の廊下を歩いていると、クラスメイトが同性愛をけなしているのをよく耳にしました。こうした**ホモフォビア**があまりにもひどくなったので、アナは教育委員会に相談しました。
「あんなふうにけなされると自尊心がひどく傷つきます。毎年決まっていじめが起きるけど、だれも罰を受けないので、すごく腹が立ちます。どんなにひどいことを言われても、守ってくれるはずの人が何もしないんだから」
　アメリカの学校でも、いじめにあうのはLGBTの生徒だけではありません。全米教育統計センターの統計によれば、2009年の1年間で、12歳から18歳の生徒のおよそ3人に1人が、いじめを経験しています。そ

の8年前には、7人に1人の生徒しかいじめを受けていなかったのです。

　LGBTの生徒にとって、こうしたいやがらせはさらにつらいものです。なぜなら、自分がほかのクラスメイトとちがうことで、ただでさえ混乱や孤立感といった気持ちをもっているのに、それがさらに強まるからです。

「それってゲイゲイしい！」

　いじめは、10代の自死のおもな原因と考えられています。まだ11歳の子どもがいじめによって自死したニュースもあり、教育者や保護者が、いじめの深刻な影響に注目するようになりました。
「いじめと、いじめの防止策に対する見方が大きく変わろうとしています。親や教育者は、子どもがなにをしているのかにもっと注目すべきです。いじめ防止のプログラムがあることを、広く知らせたいですね」と、マーリーン・スナイダーは言います。彼女はアメリカの高校の多くで利用されている、いじめ防止プログラムの開発ディレクターです。

　アナの高校にはGSA（ゲイ・ストレート同盟。同性愛の生徒と異性愛の生徒がいっしょに活動するクラブ）がありますが、クラスメイトの多くは、自分も同性愛のレッテルを貼られて、いじめにあうことをおそれ、あまり参加したがらなかったといいます。露骨ないじめだけでなく、心ない言葉も人の心に突き刺さります。友だちどうしの会話のなかで、同性愛を否定するような言葉が使われるのを耳にすると、たとえ言った当人に悪意がなくてもアナの気持ちは傷つきます。

　「たとえば『それってゲイゲイしい！』という言葉は、害があるとは思えないかもしれませんが、それでもわたしの心は傷つきます」

　英語の「ゲイゲイしい（That's so gay）」という言いまわしは、ちょっと変とか、おかしいという意味で使われますが、安易に使う前に、そ

「ゲイ・レズビアン・ストレートのための教育ネットワーク（GLSEN）」などの団体は、学校からいじめをなくそうと努力しています。

の本来の意味や、言われた人がどんな気持ちになるか、よく考えるべきです。同性愛を悪いこと、ネガティブなことだとするニュアンスが、LGBTの人たちを深く傷つけるのです。

LGBTのかかえる自己嫌悪

　連日のように侮辱や中傷を向けられると、自分もそれを信じてしまい、ホモフォビアを**内面化**してしまうことがあります。LGBTの人が、自分のことや自分の生きかたを否定的に考えてしまうわけです。そうすると、カミングアウトすることがむずかしくなり、ありのままの自分に誇りをもてず、性自認や性的指向を秘密にしたり、わざわざ隠したりするようになります。

　2章で登場したカントリー歌手のシェリー・ライトは、はじめてナッシュビル〔テネシー州の州都で、音楽の中心地〕に行き、オプリーランド

というカントリー音楽のテーマパークに出演したときのことを、こう語っています。

「オプリーランドに出演したとき、共演者にゲイの男性が数人いました。レズビアンの子がいるかどうかはわからなかったけれど、自分がレズビアンなのはもちろん知っていたし、神さまもお許しくださると確信してた。それなのに、わたしはゲイの男子たちに対して嫌悪の言葉をあびせたんです。わたしがレズビアンだということを感づかれないように」

　こうした反応は、シェリーのようにキリスト教を熱心に信じる人には、けっしてめずらしくありません。彼女はゲイ男性が神を汚すものだとして、かれらの行為は「吐き気がする」とさえ言ったのです。こうした言葉は、彼女がこれまでに通った教会や周囲の人から聞いていたセリフでもありました。

　成長して、自分のことがより理解できるようになった彼女は、自分の過ちに気づき、それが自身の内面化されたホモフォビアによるものだと気づきました。周囲にどう思われるか不安でたまらず、自分に似た人を攻撃していたのです。カミングアウトしてから、彼女はそのときの自分の行動を強く後悔するようになりました。

「ナッシュビルのタワーレコードに行くと、わたしに気がついた若い店員たちが、レコードやポスターにサインをせがんできました。わたしはk. d. ラング〔カントリー出身のシンガーソングライター〕のファンだったけど、彼女が〔レズビアンであると〕カミングアウトしてからは、ナッシュビルで彼女のレコードを買うのをやめました。同じ理由でメリッサ・エスリッジのレコードも買わなかった。買うところを店員に見られたくなかったんです。いま思うと恥ずべきことで、認めるのはとても恥ずかしいのですが、わたしのかかえていたおそれと苦痛は、それほど深かったんです」

カミングアウトしてわかったこと

　あるときシェリーは、歌手仲間から直接、レズビアンではないかと聞かれて、それを否定しました。でもそのとき「人生このままではいけない、なにかを変えなくては」と気づいたのです。同性愛は罪ではないけれど、ウソをつくのは罪だとシェリーは信じていました。そのとき彼女は、これまでのように、ただ隠すだけではなく、たしかにウソをついたのです。

　この体験のおかげで彼女は、世の中にカミングアウトする決心をしました。表向きにはきれいごとを言いながら、裏では逆のことをするような不誠実な人間になりたくなかったのです。有名人、とくに政治家や宗教家のなかには、公の場ではLGBTの人を悪魔化しながら、私生活では自分も同性愛者である人が多いことにも気づきました。

「アメリカ社会では、これは本当によくあることです。だからこそ、立ち上がって認めることが、自分にとって大切だと感じたのです」

「表向きではLGBTの人びとに敵対的な政策を立てたり、そうした法律に署名したりする議員や政治家たちのなかに、実は自分もLGBTなのにクローゼット〔隠している〕の人がいます。だからこそ、わたしは声を上げるべきだと思ったのです。『だれよりも率先してゲイの人たちに毒を吐く者こそ要注意だよ！』とね。わたし自身がそうだったから」

虐待関係に慣れてしまう危険

　こんなふうに、自分自身が混乱や自己嫌悪におちいっているために、自分に似た人に向けて暴言を放つ人もいますが、いっぽうでは危険な状況や虐待的な関係にしばられる人もいます。カリフォルニア大学ロサンゼルス校（UCLA）の最近の研究によれば、ゲイやレズビアンの成人の27.9％、バイセクシュアルの成人の40.6％が、夫や妻や恋人といった親

LGBTはおかしいとか、ふつうではないとか、ずっと聞かされていると、本当の自分が見えなくなってしまいます。

密(みつ)なパートナーからの暴力(ぼうりょく)（ドメスティック・バイオレンス＝DV）を受けているといいます。異性間のDVの発生率(はっせいりつ)が16.7％であることから、LGBTの人たちは虐待をうける確率(かくりつ)が非常(ひじょう)に高いことがわかります。

しかし、これはLGBTの人が異性愛の人よりも暴力的だからというわけではなく、LGBTの人のほうが、ストレートの人よりも虐待的な関係をがまんすることが多いということです。その多くは、自分を守るための自尊感情が低いことと関係があります。自分はもっと大事にされるべきだと思えなかったり、虐待する相手と別れるだけの勢(いきお)いがなかったりするのです。

UCLAの研究の主任(しゅにん)をつとめたエレイン・ザーンド博士(はくし)は言います。「ゲイ、レズビアン、バイセクシュアルの人は、いろいろな場面でいまだに差別を受けています。ストレートの人のなかには、かれらに**スティ**

グマを負わせ、社会的に孤立させようとする人がいます。人はだれでも、自尊感情をおとしめられると、虐待的な関係にはまりやすくなってしまうのです」

飲酒や薬物、無防備な性行為

　同じUCLAの調査では、パートナー関係において虐待を受けている人のおよそ10人に1人は、飲酒がやめられないといいます。自分自身に価値や希望を見いだせず、虐待を受けてもしかたがないと感じる人にとって、飲酒は虐待をやりすごす対処法なのです。

「スティグマや差別に対する自己治療として、アルコールや薬物を乱用してしまうことがあります」とザーンド博士は言います。「精神的、情緒的な問題とアルコールや薬物の乱用は、どちらも暴力被害と関係しています。〔研究によれば〕暴力行為のおよそ3分の1には酒や薬物がかかわっています。苦痛からのがれるために酒や薬物を使用する場合もあれば、ケンカや虐待の場面で使用される場合もあります」

　酒や薬物の乱用は、LGBTの人びとにとって大きな健康上の問題です。乱用によって判断力が鈍ると、無防備なセックスなど危険な行動をとるようになります。その結果、〔エイズを引き起こす〕HIVウィルスをはじめとする性感染症にかかるリスクが増します。LGBTの人たちが、自分の性自認や性的指向に罪の意識をもったり、自分には価値がないと思いこんだりすると、自分の健康を守ることや性感染症の予防を大事だと思えなくなります。苦痛をやわらげるために、飲酒や薬物に走ることもあるでしょう。そうなると、つらい気持ちや自己嫌悪を忘れるために、しだいにもっと大量の酒、より危険な薬物が必要になってきます。アルコールや薬物への依存がふえるのには、こうした背景があります。けっしてLGBTであること自体が原因ではありません。

もっと知りたい！自尊感情とHIV／エイズ

　アメリカでも世界でも、HIV／エイズ（後天性免疫不全症候群）は同性愛者の病気だと思っている人は、いまだ大勢います。また、HIV陽性者（感染していることがわかった人）やエイズになった人が拒否されたり、差別されたりすることもあります。ときには仕事を解雇されたり、暴力の被害にあったりすることもあるのです。HIV／エイズについてまわるスティグマ（烙印）をおそれて、多くの人がHIV検査を受けようとせず、HIV陽性の診断を受けても治療をしない人もいます。せっかく治療が可能な病気なのに、結果として死につながることもあるのです。

　HIV／エイズとともに生きる人向けのアメリカの雑誌『POZ』には、こう書かれています。「HIV／エイズとともに生きることは、身体の免疫系だけでなく、わたしたちの自尊感情にも破壊的なダメージをあたえます。HIVにつきまとう汚名と差別のせいで、人からどう見られているかが気になり、おそれをいだいたり、自分には価値がないと感じたり、うつ病になったりすることもしばしばです」。これまでも見てきたように、孤立感がこうした否定的な感情を強める反面、同じ境遇の仲間とともに過ごすことで、こうした感情はやわらぎます。『POZ』の言葉を借りれば、「自尊感情は、自分がHIV陽性者であることを隠すことなく、より安全なセックスをするためにも、治療を積極的に続けるためにも、必要なのです」

　アメリカには「ゲイ男性の健康支援センター（GMHC）」など、LGBTの人びとが集まってともに語ったり、援助や癒やし、理解を共有したりすることのできる場を提供する団体もあります。ここに集うことは、「おたがいに対し責任ある行動をとること、そして安全と健康を守るために、たがいをいたわると約束すること」です。地域にもインターネット上にも、HIV／エイズとともに生きる人たちを支えるグループがあります。こうしたグループでは、精神的な健康の回復や維持に加えて、身体的な健康も心がけるよう、当事者へのサポートをしています。

　日本にも同様のNGO・NPOが数多くあります。ネット上で検索すれば、

自分に近い団体やサービスが容易に見つかります。たとえば「HIVマップ」（http://hiv-map.net）には、検査機関やサービスなど、いろいろな情報がまとめられています。

自傷行動のパターン

　アドリエンヌ・ヒューデックは、ハイリスクな行動をしがちなLGBTの若者のサポート活動をしています。「自己破壊的な行動をとる若者は本当にたくさんいて、その多くは予測できます。たとえば、まだカミングアウトしたての若者がゲイバーに行ってお酒を飲んだり薬物を試したりすると、久しぶりに幸福な気分になるかもしれません。薬物は、生きる苦しさや自己嫌悪を一瞬だけ忘れさせてくれます。でも、家に帰って親からとがめられたり、学校でいじめや陰口に悩まされたりすると、酒や薬物で気分がよくなったときを思い出すでしょう。現実の苦しさと薬物の心地よさを比べて、またやってみたいと思うようになります。実際には、そう都合よくいかないのですが」

　サンフランシスコ州立大学の「家族の受容プロジェクト」チームは、LGBTの人に対する家族からの拒絶や受容が、どんな影響をあたえるかを研究しました。そこでわかったことは、思春期に家族から強く拒絶された人たちが、25歳までに自死をはかる確率は一般の8倍にものぼるということです。また、うつ病のような深刻な問題をかかえる人は一般の6倍、薬物乱用や性感染症のリスクも一般の3倍となっています。
「これをみると、子ども時代に安心して頼れる居場所がないと感じることは、深刻なダメージをあたえることがわかります」とヒューデックは言います。「それをふせぐもっとも効果的な方法は、頼れる場所があると子どもたちに知らせることです。アルコールや薬物への依存は深刻な

問題です。一時的にどれだけ気分があがったとしても、状況はかならず前より悪くなります。よくなることはけっしてありません」

 たしかめよう

- ホモフォビアの「内面化」とはどんなことでしょう。その原因はなんでしょうか？
- LGBTの人がいじめを受けることで、飲酒や薬物への依存、虐待的な関係、自死などにつながるのはどうしてでしょう。
- LGBTの人が自尊感情を取り戻すために、もっともよい方法はなんでしょうか。

 チャレンジしよう

- LGBTの人が自死してしまった例を、インターネットや新聞記事で調べてみよう。そこにはどんな人生や困難があっただろうか。
- ふだんの会話のなかで、だれかを傷つけるようなことを自分自身や友だちが言っていないかチェックしてみよう。
- だれかに変なあだ名で呼ばれたり、いじめられたりしたときのことを思い出して、どんな気持ちだったか、それをどうやって乗り越えたかを思い出してみよう。

自己イメージは壊れやすいものです。
他人にレッテルを貼られると、
本当の自分のすがたが見えなくなってしまいます。

自分はひとりじゃないんだと知ることが大切です。
友だちや家族、あるいはLGBT支援団体(しえんだんたい)のサポートをうけることで、
つらい状況(じょうきょう)は大きく変わります。

4
だれかの助けを借りていい

 キーワード解説

匿名性：自分の名前を知らせず、だれだかわからないようにすること。
信憑性：根拠がたしかで信頼できること。
原動力：ある行動をはじめる要因や、きっかけとなる力。
二項対立：二つの対立する集団に分かれること。

　1994年、ペギー・ラジスキーとランディ・ストーンは、短編映画「トレバー」でアカデミー賞を受賞しました。これは、愛する人たちに拒絶されたことで、死のうとした13歳のゲイの少年の物語です。受賞の数年後、この映画がテレビで放映されることになったとき、2人はトレバーと同じように苦しむ10代のLGBTの若者に対して、自死を思いとどまるための情報や社会資源を提供したいと考えました。ところが、LGBTの若者向けに自死防止の活動をしている団体も、相談のための電話窓口も、なにひとつなかったのです。

　この事実に心を痛めた2人は、トレバー・プロジェクトというNPO（非営利組織）を自分たちで立ち上げました。LGBTとしての苦しみを、

どこにも相談できない若者たちにサポートを提供する、24時間対応の電話相談窓口です。このプロジェクトのウェブサイトでは、親や教育者がLGBTの若者をどう支えたらよいかについても情報提供しています。

　トレバー・プロジェクトの目的はLGBTの若者の自死をふせぐことですが、そこまで追いつめられる前に起こる、さまざまな問題への対処法も教えています。ウェブサイトの「トレバーに聞こう」というページでは、匿名で性的指向や性自認についての質問ができ、訓練を受けたカウンセラーが相談に乗り、役立つ情報を見つける手伝いをしてくれます。カミングアウトや恋愛にかんする相談から、自分が同性愛かどうか迷っているといった質問まで、どんな相談にものってきました。また、このサイトに相談を寄せた人たちの声と、それに対する返事、LGBTの若者を支えようとする家族や友だちのための情報も載っています。

サポートやアドバイスは匿名で受けられる

「自分は何者なのか」という問題は、だれにとっても難問で、かんたんに答えが出るわけではありません。実際、他人の性的指向を決めることは不可能です。セクシュアリティはきわめて個人的な問題で、自分自身が考え、納得しなくてはならないことだからです。

　LGBTの人たちをメンタルヘルスの専門家やサポートグループにつなぐ活動をしているアドリエンヌ・ヒューデックは、「自分がゲイかどうかは、どうすればわかるんですか？」と、よく質問されるそうです。「自分のしたことや言ったこと、考えたことをたくさん並べたて、それって、ぼくがゲイだってこと？ とわたしたちにたずねるのです。でも、ことはそんなにかんたんではありません。他人が決めたり、答えを出したりできることではないのです。答えを出せるのは自分だけ。でも、それを助けてくれる人は、かならずいます」

カウンセラーや精神科医は、心に秘めた自分の気持ちを安心して話せる場を提供してくれます。

アドリエンヌによると、性的指向の問題は、ひとりで結論を出すには複雑すぎます。多くの若者は自分のセクシュアリティについて人に話すのをためらいます。ホモフォビアや拒絶をおそれる人もいれば、単純に自分の性について話すのが恥ずかしいという人もいます。だから、性的指向について迷っている人にとっては、秘密が守られ匿名性が確保できるインターネットが安心感をあたえるのです。

「だれかに相談したいと思っていても、他人に打ち明けるのはちょっと、という人はたくさんいます。たとえ相手がソーシャルワーカーやカウンセラー、医師といった専門家でもです。その気持ちはよくわかります。だって、とてもプライベートな話なのですから。そこで、わたしたちの団体では、信憑性の高い情報を提供している、よいウェブサイトを紹介しています。インターネットのいいところは、自分がひとりじゃないとわかることです。世界中に、自分と同じようなことに迷い、同じ問題をかかえている人がいることがわかるのです」

ネット情報の幅広さ

　ほかにも、役に立つ情報や意見を教えてくれるウェブサイトや、インターネット上のコミュニティが多数できています。PFLAG（LGBTの親や友だちのための団体）、「Empty Closets」「Shout Out Health」などがその例です〔日本のウェブサイトの例は章末で紹介しています〕。

　LGBTに特化していないウェブサイトでも、こうした質問やアドバイスをよく見るようになりました。アメリカのコロンビア大学が作った「アリスに聞こう（Go Ask Alice!）」というQ&Aサイトは、にきび、生殖能力、アロマテラピー、運動、タトゥーの安全性など、健康にかんするあらゆる質問に答えています。そこでは、「自分の性的指向はどうすればわかるのか」といったLGBTの問題についてもとりあげられています。

インターネットは、自分と同じ悩みをかかえる人と、いつでもどこでもつながれて便利ですが、注意して使うようにしましょう。

たとえば、自分はバイセクシュアル（両性愛）ではないかと悩む、ある投稿者への返事はこんなふうでした。

> わたしたちは、性的にどちらの傾向なのか、男性だけに惹かれるのか、女性だけに惹かれるのかという二者択一のレッテルを自分に貼ろうとしがちです。でも、実際にはほとんどの人が、恋愛感情、ファンタジー、欲求、そして行為において、幅広いジェンダー・スペクトラム（性別の連続体）のどこかに位置しているのです。あなたが友だちにいだいた感情も、ただの「同性への興味」かもしれないし、あなたがバイセクシュアルで、将来は女性に惹かれるようになるという発見の原

動力なのかもしれません。

　人間の性行動の研究の先駆者アルフレッド・キンゼイは、1950年代に、当時一般的だったセクシュアリティの固定観念を打ち破りました。彼はバイセクシュアルを、それまで考えられていた以上に一般的なものだと考えたのです。彼を有名にしたのは「性的指向スケール」という考えかたで、完全な異性愛を0、完全な同性愛を6とするものでした。この考えかたによるとバイセクシュアルは3くらいの中間に位置し、男女どちらにも惹かれるか、どちらとも性的体験を（空想もふくめて）もったことのある人だとされます。

　ほとんどの人は性欲をもち、それを実際に行動に移し、恋愛関係をもちます。キンゼイの研究によれば、バイセクシュアルの人がどちらの性別の人と性的関係を多くもつかは、その人の社会環境に左右されるといいます。言いかえれば、政治や社会関係のように、いっけん性とは関係ないように思えることでも、だれと恋愛関係になるか、自分を異性愛、同性愛、バイセクシュアル、クィアのいずれとみなすか、などといったことに影響をおよぼしているというわけです。

性的指向・性自認にかんする自問自答

　性的指向は、子ども時代から思春期を通じて発達します。学術研究によれば、同性愛であれ異性愛であれ、その多くはおおよそ12歳ごろまでに、はじめてだれかに性的に惹かれるといわれます。成長するにしたがって、試しに性行為をしてみる若者もあらわれます。アメリカ小児科学会によれば、13歳から19歳の若者に対する調査では、男子の10人に1人、女子の17人に1人が、少なくとも一度は同性との性的体験があったといいます。しかし、ほとんどの研究によれば、アメリカの10代で自分をレズビアンやゲイ、バイセクシュアルだと感じている人は2～7％ていど

と推測されています。

「11歳、12歳、13歳ごろには、自分の性的指向がほかのみんなとはちがうことに気づきます」。ボストンのタフツ医療センターのフローティング子ども病院で発達行動を専門とする小児科医のエレン・ペリンはこう述べます。「外部からの影響によって、子どもが同性愛になることを示す根拠はありません」

だからこそ、迷いがめばえたら話をすることが大切です。同じような経験や疑問、悩みをもつ人がほかにもいるはずです。LGBTの若者のための電話相談窓口では、訓練を受け、同じ目線に立ったピア・カウンセラーが、若者の気持ちや質問に向きあい、公平かつ前向きに相談にのってくれます。自分が何者かという疑問に答えを出すことは、たやすくはありませんが、このような場所が役に立つはずです。

信じる宗教と折り合いをつける

LGBTの問題で悩んでいる人のなかには、信じている宗教との板挟みで苦しむ人も大勢います。保守的なキリスト教など、宗教によっては同性愛を罪とし、罪を犯せば天国へ行けないと教えるものもあります。聖書やほかの経典の一節から、LGBTを認めないという解釈を述べることもあります。そうすると、信仰にあつい人は自分の性的指向を前向きに受け入れることがむずかしくなります。自分の精神的な価値観と性的指向が矛盾した場合、カミングアウトできないだけでなく、ありのままの自分を認めることさえむずかしくなります。

でも、世界には、自分と自分の性的指向を認め大切にしながら、宗教的な教えを守っているLGBTの人が何百万人もいます。アメリカにはLGBTのカトリック信者のための団体があり、同性愛の人を受け入れる教会やキリスト教団体も数多くあります。LGBTのイスラム教徒のため

の団体もあります。

　神を讃える宗教的な歌を歌い、グラミー賞にノミネートされたキリスト教系歌手のジェニファー・ナップは、カミングアウトしてキリスト教社会で注目されました。彼女のカミングアウトに腹を立てたり、失望したりした人もいましたが、それを支持する人もたくさんいました。あらゆる人を受け入れようという考えをもつ宗教者たちは、こうしたロールモデル（お手本となる人）がふえていけば、宗教と同性愛はじゅうぶん両立できることを人びとも理解するだろうと確信しています。

　アメリカ・ノースカロライナ州の非営利宗教組織「ゲイ・クリスチャン・ネットワーク（同性愛のキリスト教徒ネットワーク）」の事務局長をつとめるジャスティン・リーは、「自分の性的指向に気づいて、死んでしまいたいと思う若者は少なくありません」と語ります。「キリスト教会のなかでは〔同性愛に対する姿勢の〕二項対立が今後も続くでしょう。でも、著名なアーティストなどがカミングアウトすることで、この問題に対する教会の考えかたが、いずれ見直されると思っています」

目をそむけずに、答えを求めよう

　いろいろな理由で、自分の性的指向や性自認の悩みを直視したくない気持ちをもつ人もいるでしょう。でも重要なことは、そうした悩みは無視しても消えるわけではないということです。自分の性的指向や性自認にかんしてとまどいがあれば、情報と答えを求めるのが、もっとも健全な選択でしょう。

　家族や友だち、あるいはメンタルヘルスの専門家の助けを得ることで、安心して安全に、自分のとまどいに対する考えを深めることができます。もしもそれが得られないのなら、相談窓口を通じてカウンセラーに相談してもいいでしょう。

あらゆる性自認や性的指向を受け入れる姿勢を示す教会や宗教組織のもとで、何百万人ものLGBTの人たちが信仰を守り、癒しや救いを見いだしています。

アドリエンヌ・ヒューデックはこう言います。「あなたがゲイかレズビアンか、バイセクシュアルかストレートかなどといったことは、他人にはわからないし、他人がとやかく言うべきことではありません。これらの支援団体の目的は、自分が同性愛だとあなたに確信させることではないのです。そんなことは不可能です。わたしたちが提供しているのは、押し隠していた気持ちについて、安全に、秘密を守りながら話せる場所です。なぜなら、そうやって気持ちを内側に閉じこめることこそ、大きな傷のもとになるのですから。わたしたちは、みなさんが自分の気持ちについてオープンに正直に話しあい、一人ひとりに合った健全な選択ができるよう手助けしたいのです」

?? たしかめよう

- 自分が同性愛かどうかは、どうすればわかるでしょうか。
- LGBTの人が自分の問題に向き合うにあたって、インターネット上のコミュニティや支援グループの匿名性は、どのように役立つでしょうか。
- 宗教を信じるLGBTの人にとって、宗教があたえるネガティブ（否定的）な影響とはどのようなものでしょうか。その影響を肯定的なものに変えるには、どうすればよいでしょうか。

! チャレンジしよう

- トレバー・プロジェクト（http://thetrevorproject.com 英語）や、以下に紹介した日本語のサイトで、情報や活動を調べてみよう。
- 地域にLGBTへの支援グループがあれば、活動のようすを見学させてもらおう。
- 自分の住む地域に、若いLGBTを受け入れてくれる自助グループや団体があるかどうか、インターネットで調べてみよう。また、あなたが大学生なら、自分の大学にLGBT当事者や支援者のサークルや団体があるか調べ、興味があれば参加してみよう。

◆日本のLGBTに関する情報や支援団体のサイト
Letibee Life（http://life.letibee.com）
LGBTの家族と友人をつなぐ会（http://lgbt-family.or.jp）

用語集

あ行

アイデンティティ(identity)
ある個人や集団が、自分自身をどのように定義し理解するか。

あいまい(ambiguous)
はっきりせず混乱していること。

アクティビスト(activist)
社会的な活動や個人的な活動を通して、社会に変化をもたらそうとする人びと。

悪魔化(demonize)
人やものごとを邪悪なものとして描くこと。

アドボカシー(advocacy)
社会的な少数派など、特定の集団の人権を守るために行動し、主張すること。

アライ(allie)
LGBTの人びとと同じ側に立って支援する人。

遺伝子(gene)
目の色のように、人や生き物の生物学的な特性を決める因子。細胞の中の染色体に含まれるDNAとよばれる物質の配列によって決定される。

逸脱(deviation)
異常なこと。一般に「ふつう」とされる状態から外れること。

医療過誤(malpractice)
知識や注意の不足によるものか、わざとかを問わず、医師や医療専門家が誤った助言や治療をすること。

いんちき療法(quackery)
医療の資格を持たない人が、医師や専門家のふりをして助言したり治療をしたりすること。

右翼、右派(the right)
政治や宗教において、社会変革や新しい考えに反対する立場。「保守派」と共通することが多い。

LGBT(Q)
レズビアン、ゲイ、バイセクシュアル、トランスジェンダーの頭文字をとった総称。「クエスチョニング」(自分の性自認や性的指向を模索中)や「クィア」(規範的異性愛以外のすべてのセクシュアリティを指す)の頭文字「Q」を加えてLGBTQと言うこともある。

エンパワー(empower)
だれかに強さや活力をあたえ、その人が自信をもてるようにはげます行為。

女っぽい(effeminate)
女性的とされる特性を男性がもつこと。

か行

介入(intervention)
人びとの考えかたや行動を変えることを手助けするための、系統だてた試み。

解放(liberation)
抑圧や迫害から解き放たれ自由になること。

過激主義者(extremist)
政治や宗教において、極端で乱暴な方法をとることを好む人や集団。

カミングアウト(coming out)
LGBTの人が、自分の性的指向や性自認を他の人に公表して生活することを「カミングアウト」という。いっぽう、その人の意思に反して性的指向や性自認を公表されることを「アウティング」という。

慣習(custom)
社会のなかで一般に通用し受け入れられている考えかたや行動。

寛容(tolerance)
お互いのちがいを認め、敬意をはらうこと。

戯画(化)(caricature)
ある人物の特徴を大げさに描くこと。

共感(empathy)
だれかの立場になってその人の気持ちを想像し、思いを寄せること。

草の根(grassroots)
政治的な行動などが、国や世界といった大きな規模よりも、地域など身近なレベルからはじまること。

クローゼット(closeted)
LGBTの人が、自分の性的指向や性自認を隠すことをいう。

ゲイ解放運動(gay liberation)
同性愛者の平等な市民権と法的な権利をもとめる運動。1950年代にはじまり、1960年代後半から70年代にかけて、社会的・政治的な変革をうながす大きな影響力をもった。

さ行

差別(discrimination)
性的指向や性自認、肌の色、民族、宗教その他の要因を理由に、他の人とちがう〔不利な〕あつかいを受けること。

ジェンダー(gender)
男らしい・女らしい、どちらともちがうなど、身体の性別にもとづいて社会が決める性別のこと。

シスジェンダー(cisgender)
生まれたとき診断された性別と自分の性自認が同じ人。トランスジェンダーの反対語。

市民権、公民権(civil rights)
法の下に個人の自由と政治的な自由を保障される、市民としての権利。

社会的権威(the establishment)
社会のなかで影響力や権力をもつ立場にいる人びと。

社会的排除(marginalize)
ある人を社会の中でわきに追いやり、他と同等にあつかわないこと。

心理学者、精神科医(psychologist / psychiatrist)
どちらも、人間の精神や行動を研究したり、治療したりする専門家。ただし、精神科医は医師であり薬を処方することができる。心理学者は医師ではなく、対話によるセラピーをおこなう。

推測(assumption)
たしかな証拠にもとづかずに導かれた結論。

スティグマ(stigma)
恥ずべきことだというレッテルを貼ること。烙印。

ステレオタイプ(stereotype)
固定観念。ある人を判断するとき、その人が属する特定の集団に対する考えかたにもとづいて(多くの場合、不公平な見方で)評価すること。

スペクトラム(spectrum)
連続体。幅広く多様であること。

性自認(gender identity)
生まれたときにあたえられた性がなんであれ、その人自身が自分を女性と思うか、男性と思うかなどの自己イメージ。性同一性ともいう。

性的指向(sexual orientation)
ある人が肉体的・感情的にどの性に惹かれるか。ことなる性に惹かれる(異性愛)、同じ性に惹かれる(同性愛)、両方の性に惹かれる(バイセクシュアル)、どの性にも惹かれない(アセクシュアル)などがある。

性別役割(gender role)
ある文化の中で、男性・女性のそれぞれにとって適切だと考えられる行動や特徴。

染色体(chromosome)
遺伝子がミクロの糸状になったもの。細胞の中にあり、性別をはじめ生物のあらゆる特性を決定する情報を運ぶ。

先天的(inborn)
外見でわかるかどうかを問わず、ある特性が生まれたときからその人に備わっていること。

先入観(prejudice)
ある人や集団に対する、たしかな知識にもとづかない(多くの場合、否定的な)思いこみ。

疎外(alienation)
ほかの人や社会から、自分が外れていたり距離があるという感覚をもつこと。

た行

タブー(taboo)
宗教や社会の規範のなかで、してはいけないとされていること。禁忌。

多様性(diversity)
さまざまな背景や特徴をもった人びとによって集団や地域社会が構成されていること。

中傷(epithet)
だれかをおとしめるような、侮辱的な言葉や物言い。

匿名(anonymous)
自分の名前を知らせず、だれかわからないようにすること。

トラウマ(trauma)
強い衝撃を受けて、長く残る心の傷。心的外傷ともいう。

トランスジェンダー(transgender)
自分の性を、生まれたときに割りあてられた性別とことなる性と感じる人。

な行

内分泌科医(endocrinologist)
ホルモンの病気や障害の治療を専門とする医師。

内面化(internalized)
たとえば、自分に対する否定的な意見を信じてしまうといった場合、その人は他者の意見を「内面化している」という。

二元論(binary)
ものごとを二つの対でとらえ、二通りしかないとする考えかた。

二項対立(dichotomy)
二つの対立する集団に分かれること。

は行

バイアス(bias)
客観的で公平であることのさまたげとなる、特定の見方や考えかたに偏りがちな傾向や志向。

パイオニア(pioneers)
新しいことや新しい生きかたに最初に挑戦する人びと。先駆者。

排斥(ostracize)
ある集団からだれかを追い出すこと。

バックラッシュ(backlash)
社会や政治の進展に対して反発する、大勢の人による対抗的な行動。

ハラスメント(harassment)
からかい、いじめ、身体的な脅しなど、継続しておこなわれるいやがらせ。

侮蔑(derogatory)
相手の価値をおとしめたり、恥をかかせたりすることを目的とした、批判的で冷酷な言動。

ヘイトクライム(hate crime)
その人の人種や信仰、性的指向や性自認といった特徴を理由におこなわれる攻撃や違法行為。憎悪犯罪ともいう。

ペルソナ(persona)
外的人格。演じられたキャラクターや人格。

偏見、偏狭(bigotry)
自分とことなる宗教や信念、外見、民族的な背景などに対する理解がなく、がんこなまでに不寛容であること。

包摂(的)(inclusive)
あらゆる考えやものの見方を想定でき、包みこめること。

保守派(conservative)
社会の変化や、新しい考えかたに警戒心や抵抗感のある人びと。

ホモフォビア(homophobia)
同性愛者への恐怖や嫌悪、憎しみ。同様にトランスジェンダーに対する恐怖や嫌悪は「トランスフォビア」という。

ホルモン(hormone)
からだの中でつくられ、生理学的機能を調整する化学物質。ひげがはえたり、胸がふくらんだりといった雌雄の特性もホルモン作用によって起こる。

ま行

マイノリティ(minority)
支配的な集団の配下にいる人びと。少数派。

マジョリティ(majority)
支配的な集団に属する人びと。多数派。

メインストリーム(mainstream)
多数派の中で容認され、理解され、支持されていること。主流派。

メンター(mentor)
自分より若い人を支援したり、教え導いたりする人のこと。師、師匠。

や行

抑圧(oppress)
個人や集団を、下位の立場におしとどめること。

ら行

リベラル(liberal)
新しい考えに耳を傾け、進歩的で、他者の考えやライフスタイルを受け入れ支援する人。

理論(theory)
研究や実験、証拠にもとづいた考えや説明。

論争(的)(controversy)
意見が衝突し、緊張や強い反応を引き起こしやすい、やっかいな問題。

さくいん

あ行

アドリエンヌ・ヒューデック　15, 39, 44, 51
アメリカ精神医学会（APA）　11, 13
アルコール（飲酒）　15, 25-27, 37, 39
アルフレッド・キンゼイ　12, 13, 48
いじめ　3, 9, 17, 19, 22, 24, 31-33, 39, 40
依存　14, 15, 25, 26, 37, 39, 40
「It Gets Better」プロジェクト　17, 22, 28
インターネット　22, 38, 46, 47, 52
うつ病　14, 15, 19, 24, 25, 28, 38, 39
HIV／エイズ　37, 38
エヴェリン・フッカー　12

か行

カウンセラー　23, 27, 45, 46, 49, 50
家族の受容プロジェクト　24, 25, 39
学校　3-5, 19, 24, 30-33, 39
カミングアウト　4, 17, 23, 33-35, 39, 44, 49, 50
カール・ハインリッヒ・ユルリクス　10, 11
虐待　14, 35-37, 40
教会　24, 34, 49-51
ゲイ・クリスチャン・ネットワーク　50
ゲイ・ストレート同盟（GSA）　32

さ行

差別　3, 9, 13, 36-38
シェリー・ライト　18-21, 33-35
ジークムント・フロイト　11, 12
自己嫌悪　33, 35, 37, 39
自死（自殺）　4-5, 15, 19-24, 27, 32, 39, 40, 43, 44
自傷行動　39
自尊感情　31, 36-38, 40
10代　17, 21, 23, 25, 32, 43, 48
スティグマ　31, 37, 38
ストーンウォールの反乱　12
性感染症　37-39
性自認　10, 14, 33, 37, 48, 50
聖書　10, 11, 14, 49
精神科医　15, 23, 25, 45
精神障害　11-14
精神障害の診断と統計マニュアル（DSM）　11-14,
性的指向　9, 13, 15, 21, 24, 44, 46-51
性同一性障害　14
相談窓口　28, 43, 44, 49, 50

た行

ダン・サヴェージ　17, 22
テリー・ミラー　17, 22
匿名　43, 44, 46, 52
トランスジェンダー　10, 14
トレバー・プロジェクト　43, 44, 52

は行

バイセクシュアル　12, 13, 23, 35, 47, 48
ハラスメント　9, 14
暴力　3, 25, 36-38
ホモフォビア　31, 33, 34, 40, 46

ま行

メンタルヘルス　12, 14, 15, 24, 44, 50

や行

薬物　14, 15, 25, 27, 37, 39, 40

著者
ロバート・ロディ（Robert Rodi）
米国シカゴ在住の作家、ライター、パフォーマー。LGBTをテーマにした多くの物語や評論などを発信している。

ローラ・ロス（Laura Ross）
ライター、編集者。ニューヨークで30年以上にわたり出版にたずさわってきた。

訳者
上田 勢子（うえだ　せいこ）
翻訳家。1979年より米国カリフォルニア州在住。現在まで約90冊の児童書・一般書の翻訳を手がける。主な訳書に『学校のトラブル解決』全7巻、『わかって私のハンディキャップ』全6巻（ともに大月書店）ほか。

日本語版監修
LGBT法連合会
（正式名称：性的指向および性自認等により困難を抱えている当事者等に対する法整備のための全国連合会）

性的指向および性自認等により困難をかかえる当事者等に対する法整備をめざし、約60の団体等により構成される連合体。教育、公共サービス、雇用などさまざまな分野において、性的指向や性自認にもとづく差別をなくすための「LGBT差別禁止法」の制定を求めている。
http://lgbtetc.jp/

わたしらしく、LGBTQ ④
心とからだを大切にしよう

2017年 3 月31日　第 1 刷発行
2018年 3 月31日　第 2 刷発行

著　者　ロバート・ロディ、ローラ・ロス
訳　者　上田勢子
発行者　中川　進
発行所　株式会社 大月書店
　　　　〒113-0033　東京都文京区本郷2-27-16
　　　　電話(代表)03-3813-4651　FAX 03-3813-4656
　　　　振替00130-7-16387
　　　　http://www.otsukishoten.co.jp/
本文DTP　明昌堂
印　刷　光陽メディア
製　本　ブロケード

ⒸSeiko Uyeda & Japan Alliance for LGBT Legislation　2017

定価はカバーに表示してあります
本書の内容の一部あるいは全部を無断で複写複製（コピー）することは法律で認められた場合を除き、著作者および出版社の権利の侵害となりますので、その場合にはあらかじめ小社あて許諾を求めてください

ISBN978-4-272-40714-9　C8336　Printed in Japan